AF451636

REGLEMENT

FAIT PAR LE ROY,

Pour l'ordre & la difcipline qu'il veut eftre obfervez par fes Troupes, tant Françoifes qu'Eftrangeres, lorfqu'elles marcheront en Route dans le Royaume, ou qu'elles feront dans leurs Garnifons.

Du 8. Avril 1718.

A PARIS,

DE L'IMPRIMERIE ROYALE.

M. D C C X V I I I.

REGLEMENT
FAIT PAR LE ROY.

Pour l'ordre & la discipline qu'il veut estre observez par ses Troupes, tant Françoises qu'Estrangeres, lorsqu'elles marcheront en Route dans le Royaume, ou qu'elles seront dans leurs Garnisons.

Du 8. Avril 1718.

A MAJESTE' estimant convenable au bien de son service, de supprimer les Etapes, aprés avoir mis ses Troupes en estat de vivre soit en Route ou en Garnison au moyen de leur Solde, Et jugeant necessaire, pour maintenir de plus en plus l'ordre & la discipline qu'elles doivent garder lorsqu'elles auront à marcher dans les Provinces du Royaume, de renouveller les dispositions establies à ce sujet par son Reglement du 4. Juillet 1716. SA MAJESTÉ, de l'avis de Monsieur le Duc d'Orleans Regent, a Ordonné & ordonne ce qui suit.

A ij

ARTICLE PREMIER.

Q U E lorſqu'une Troupe, ſoit de Gendarmerie, Cavalerie, Dragons ou d'Infanterie, partira de ſa Garniſon ou des lieux où elle aura logé ſur ſa Route, il en ſera detaché aprés le Bouteſelle ou la Generale, un Officier Major avec un Mareſchal des Logis & un Cavalier par Compagnie de Cavalerie, Et dans l'Infanterie un Officier-Major avec un Capitaine, un Lieutenant & deux Sergens par Bataillon avec un Fourrier par Compagnie, leſquels ſe mettront en marche, & porteront avec eux la Route de Sa Majeſté, pour aller à l'avance faire preparer le Logement, ou marquer le campement.

II.

LA veille du départ d'une Troupe, les Soldats éclopez ſeront avertis à l'ordre de ſe trouver de bonne heure au rendez-vous qui leur ſera marqué, pour marcher d'avance ſous la conduite d'un Officier & d'un Sergent qui les meneront doucement juſqu'au lieu où la Troupe devra loger, caſerner ou camper, Et l'Officier à leur arrivée en rendra compte au Commandant de ladite Troupe.

III.

I L ſera detaché un Soldat par Compagnie d'Infanterie, avec un Officier & un Sergent, Et dans la Cavalerie un Cavalier par Compagnie avec un Mareſchal des Logis, pour marcher avec les Bagages, & empeſcher qu'il ne ſoit fait aucun deſordre ; leur deffendant Sa Majeſté de les quitter qu'aprés qu'ils ſeront arrivez au quartier, ſur peine à eux de repondre deſdits deſordres.

IV.

LES Cavaliers & Dragons qui ſe trouveront à pied, marcheront enſemble ſous le Commandement d'un Officier, à la queüe du Regiment ou de la Troupe.

V.

I L ſera laiſſé dans le lieu où la Troupe aura couché un Cavalier par Compagnie avec un Officier, Et dans l'Infanterie l'Infanterie deux hommes par Compagnie avec un Capitaine & un Lieutenant, qui feront les mêmes qui feront venus la veille au Logement avec l'Officier-Major, lefquels y demeureront une heure aprés que la Troupe en fera partie pour faire marcher les traineurs, Et fi durant ce temps il y avoit des Soldats ou Cavaliers reftez dans les maifons ou Cabarets, les Hoftes feront tenus d'en avertir l'Officier, fur peine de vingt livres d'amende.

<h3 style="text-align:center">V I.</h3>

L'HEURE paffée, ce détachement fe mettra en marche laiffant toujours la Troupe une lieüe devant luy, en faifant des haltes de temps en temps, & raffemblant les traineurs que l'Officier Commandant le detachement fera monter fur un chariot qu'il aura à la fuite, en cas qu'ils foient malades & hors d'eftat de marcher.

<h3 style="text-align:center">V I I.</h3>

LORSQUE l'Infanterie qui aura efté rangée en Bataille fe mettra en marche, elle défilera par Compagnie, le Capitaine en pied & le Capitaine en fecond à la tefte, le Lieutenant en pied & le Lieutenant en fecond à la queüe & les Sergens fur les ailes, afin qu'ils puiffent plus facilement contenir les Soldats de leurs Compagnies, & empefcher que ceux qu'ils connoiffent libertins ne s'en écartent.

<h3 style="text-align:center">V I I I.</h3>

LE Commandant de chaque Bataillon verra défiler lefdites Compagnies, les comptera & fe fera donner un eftat du nombre d'hommes dont elles feront compofées, Et de temps en temps il s'arreftera fur la Route pour les voir marcher & les compter ; Et lorfqu'il fe trouvera y manquer quelques Soldats, il en demandera la raifon fur le champ à l'Officier qui commandera la Compagnie.

<h3 style="text-align:center">I X.</h3>

S'IL arrivoit que tous les Officiers d'une Compagnie fuffent abfens, VEUT Sa Majefté que le Commandant y commette un Officier d'une autre Compagnie.

B

X.

QUAND un Soldat pendant la marche fera obligé de quitter la Compagnie pour quelque befoin, il en demandera permiffion à fon Officier, & laiffera le Fufil au Bataillon.

XI.

LES Officiers qui feront chargez de la conduite des Troupes, les meneront doucement pour ne pas laiffer de Soldats en arriere, Et ils fe regleront pour leur depart du quartier, fur la longueur de la marche, fur celle du jour, & fur le temps qu'il fera pour arriver toujours avant la nuit s'il eft poffible.

XII.

SI dans la marche on s'apperçoit que quelque Soldat fe foit jetté à quartier pour prendre ou pour faire quelque defordre, l'on fera courir des Officiers aprés luy, Et lorfque l'on traverfera quelques Villes ou Villages, il reftera toujours quelques Officiers à la queüe de la Troupe pour la faire ferrer.

XIII.

L'OFFICIER-MAJOR porteur de la Route de Sa Majefté, en arrivant dans une Ville où il n'y aura pas d'Eftat-Major, ira chez le Maire ou Chef de la Maifon de Ville pour qu'il faffe faire le Logement, Et fi c'eft dans une Place de Guerre il ira auparavant chez le Gouverneur ou Commandant.

XIV.

COMME les Bataillons François font aujourd'huy de neuf Compagnies, dont huit chacune de foixante-neuf hommes compris les deux Sergens, & celle de Grenadiers de cinquante, les Echevins feront les Billets pour chaque Compagnie de proche en proche, enforte que les Soldats d'une Compagnie foient contigus les uns aux autres, Et fi les Compagnies n'eftoient pas complettes, ils diminüeront fur lefdits nombres ce qui en manquera, fans y meffer des Soldats d'une autre Compagnie pour remplir les Billets vacans, sauf à y avoir égard une autrefois pour l'habitant qui n'aura pas fourni de Logement, chaque Sergent devant estre regardé comme deux Soldats pour le Logement.

XV,

CE qui est cy-dessus marqué pour l'Infanterie Françoise, se fera pareillement pour les Compagnies des Regimens d'Infanterie Estrangere ou autres, toujours par Compagnie, & de mesme dans la Cavalerie & les Dragons.

XVI.

LES Soldats seront logez au moins deux ensemble, Et comme les chambrées sont de six, on pourra faire chaque Billet de six Soldats, où seront les noms des Hostes, y marquant celuy chez qui l'ordinaire se fera ; Et pour les Cavaliers dont les chambrées sont aussi de six, l'on observera la mesme chose, & de loger toujours le Mareschal des Logis dans le quartier de la mesme Compagnie.

XVII.

LES Officiers seront placez, autant qu'il se pourra, dans les quartiers de leurs Compagnies, sans qu'ils puissent s'en dispenser sous pretexte de la mauvaise qualité des Logemens, afin qu'ils soient à portée d'y mettre l'ordre, Et s'il y avoit des Fauxbourgs ou Maisons éloignées, on aura attention à y mettre toûjours des Compagnies entieres avec leurs Officiers.

XVIII.

LORSQUE les Billets seront faits, l'Officier-Major remettra les Billets des Capitaines au Capitaine détaché pour le Logement, ceux des Lieutenans au Lieutenant, & ceux pour les Soldats au Fourrier de chaque Compagnie.

XIX.

LE Capitaine qui aura esté faire le Logement, distribuëra aux Capitaines les Billets pour leur logement, ou à leurs valets, & il mettra sur le dos desdits Billets le nom du Capitaine, Et le Lieutenant fera la mesme chose pour les Billets de Lieutenant, & chacun en gardera un Controlle.

XX.

QUAND le Regiment fera arrivé à l'entrée du quartier, ceux qui feront venus faire le logement iront rendre compte au Commandant de la maniere dont ils s'en feront acquittez, les Fourriers remettront à leurs Capitaines ou Lieutenans les Billets pour les Soldats, Et les Lieutenans & les Sergens de chaque Compagnie en diftribuant lefdits Billets mettront au dos le nom du Capitaine de la Compagnie dont feront les Soldats, & les noms defdits Soldats, de laquelle diftribution ils garderont un Controlle, afin que s'il y a des plaintes, l'hofte, les Efchevins ou les Officiers fçachent fur qui elles doivent tomber, & que l'on trouve les Soldats accufez fans aucune difficulté.

XXI.

LES Compagnies défilant pour aller prendre leurs logemens, le Commandant les verra paffer, Et s'il y a des Soldats derriere & que ce foit par leur faute, il ordonnera du châtiment qui en fera fait.

XXII.

DANS les lieux où les Troupes logeront, il y aura toujours un Corps de Garde compofé de deux hommes par Compagnie, d'un Officier & deux Sergens, pour recevoir les plaintes des habitans & porter l'ordre où il fera neceffaire; Et en cas de defordre de la part des Soldats, Cavaliers ou Dragons qui fe trouveront logez dans les mefmes lieux, Veut Sa Majefté que ledit Officier les faffe conduire en prifon ou audit Corps de Garde.

XXIII.

CHAQUE Compagnie entrant dans le lieu où elle devra loger, ira au logis de fon Capitaine ou de celuy qui commandera la Compagnie, pour y laiffer fes Fufils jufques au lendemain qu'elle retournera audit Logis pour les y reprendre,

XXIV.

LE Logement fe trouvant eftabli, un Officier par
Compagnie

Compagnie ira visiter les chambrées & voir s'il n'y manque personne & s'il n'y a point de desordre, les Sergens feront la mesme chose, Et s'il se trouve que quelques Soldats découchent, ils en avertiront l'Officier de la Compagnie & outre cela le Major du Regiment, auquel ils donneront les noms desdits Soldats.

XXV.

SI dans les lieux de passage destinez pour le logement des Troupes il se trouve deux quartiers, suivant le nombre de Compagnies qui devront loger au second quartier, le Capitaine qui commandera le Bataillon envoyera le Capitaine plus ancien aprés luy pour commander ce quartier avec le nombre de Compagnies ordonné & leurs Officiers, qui tiendront soigneusement la main à ce qu'elles vivent dans une exacte discipline.

XXVI.

LORSQUE les lieux destinez pour loger les Troupes seront trop petits, & ne pourront pas fournir des Lits pour tous les Cavaliers & Soldats, ceux qui ne pourront pas en avoir feront mis dans des lieux où on leur donnera le couvert, de la paille & du bois.

XXVII.

SI l'Hoste n'avoit qu'un Lit, le Gendarme, Cavalier ou Soldat ne le luy osteront pas, l'Officier mesme ne le prendra point; mais si par mauvaise volonté, l'Hoste ayant la commodité de donner un Lit ne le faisoit pas, les Echevins l'y obligeront.

XXVIII.

DURANT la nuit, la Garde qui aura esté mise sur la Place ou à la maison de Ville, fera faire plusieurs patroüilles, il y aura toujours au Corps de Garde quelque valet de Ville, & dans les Villages quelque habitant pour aller avec la Garde faire la patroüille, & les conduire au lieu où il y auroit du desordre.

XXIX.

LORSQUE le desordre aura esté commis par quelque

C

habitant du lieu; la patroüille conduite par le valet de Ville menera le coupable chez le Maire, pour en eſtre ordonné ce qui conviendra, Et ſi c'eſt par des Soldats, Cavaliers ou Dragons, elle les conduira au Corps de Garde, & repondra des mauvais traitemens qui pourroient eſtre faits au valet de Ville ou habitant eſtant avec ladite patroüille.

XXX.

Il ſera fourni à chaque Bataillon, lorſqu'il partira d'un lieu pour aller dans un autre, trois Chariots ou Charettes attelées chacune de quatre chevaux, pour porter les malades & Bagages, Et un Chariot à chaque Eſcadron conformement audit Reglement du 4. Juillet 1716. Et il ſera fourni de plus un Chariot d'augmentation par Bataillon, & un pour deux ou trois Eſcadrons pour le tranſport des Tentes.

XXXI.

Comme tous les lieux de paſſage ne ſont pas également en eſtat de fournir le nombre de voitures qui pourroit eſtre neceſſaire, les Intendans feront dreſſer un Controlle des Villages voiſins deſdits lieux de paſſage qui devront y contribuer, Et du nombre de Chevaux, Charettes ou Chariots que chacun deſdits Villages devra fournir, lequel Controlle ſera remis entre les mains des Echevins des lieux pour s'y conformer, & faire faire ladite fourniture de maniere qu'un Village n'y contribue pas deux fois, avant que les autres y ayent contribué une fois chacun.

XXXII.

Aussitost que les Echevins de chaque lieu de paſſage feront avertis du nombre de Troupes qui devront y arriver, ils en donneront avis aux Villages dont le tour ſera de fournir des Chariots, leſquels ſe rendront audit lieu de paſſage, l'Eſté entre les quatre & cinq heures du matin, & l'Hyver à ſix heures pour charger les malades ou le Bagage; Et en cas que les Villages qui auront à les fournir ne les envoyaſſent pas aſſez à temps pour partir avec les Troupes, Veut Sa Majeſté que ledit lieu de paſſage ou le plus voiſin en fourniſſe à leur place, Et que le Village qui aura manqué à les envoyer, ſoit tenu de payer par forme de dedommagement la ſomme de huit livres par Chariot à ceux qui auront fourni à ſa place, Et ce outre le payement qu'ils auront reçû des Troupes.

XXXIII.

LESDITS Chariots & Charettes ſeront payées par les Troupes à raiſon de vingt ſols par cheval, & ne pourront eſtre chargez, ſçavoir, les Voitures à quatre chevaux que juſqu'à quinze cens livres peſant, Et celles à trois chevaux que juſqu'à onze cens livres, y compris les hommes & le bagage. VEUT Sa Majeſté que ſi elles eſtoient chargées d'un plus grand poids, & que les chevaux par cette ſurcharge vinſſent à perir en route, leſdites Troupes ſoient obligées d'en payer la valeur, leur Deffendant Sa Majeſté de maltraiter les Charetiers ni leurs Chevaux à peine de repondre du dommage.

XXXIV.

LE prix deſdites voitures ſera payé aux Chartiers, avant de partir de la place où elles ſe feront rendües pour aller charger les malades & les bagages.

XXXV.

DANS les lieux du Royaume où les Voitures font plus petites que les Charettes & Chariots dont on ſe ſert communement dans les Provinces, les Intendans auront attention à regler le nombre deſdites Voitures qui devra eſtre fourni pour équivalant de celuy qui eſt cy-devant ordonné, Et ils enverront aux Magiſtrats deſdits lieux une copie de leur Reglement, afin de prévenir les diſcuſſions qui pourroient arriver à ce ſujet.

XXXVI.

LES Chartiers ne pourront eſtre obligez à ſervir plus d'un jour, ni à paſſer au de-là du lieu où la Troupe à la ſuite de laquelle ils feront devra coucher ſuivant ſa Route; Si cependant faute de nouveaux Chariots audit lieu, les Echevins faifoient marcher une feconde journée ceux qui auroient efté fournis par le lieu precedent, les Officiers payeront à l'ordinaire pour ladite feconde journée le mefme prix de vingt fols par cheval, mais les Villages qui auroient dû fournir lefdits nouveaux Chariots, feront tenus de payer en outre aufdits Chartiers la fomme de feize livres pour chaque Chariot ou Charette à quatre chevaux, de laquelle fomme l'avance fera faite par lefdits Echevins, qui en feront rembourfez par les ordres de l'Intendant.

XXXVII.

Si les Troupes n'avoient pas befoin de la quantité de voitures cy-deffus fpecifiée, elles pourront en ce cas les renvoyer fans que ceux à qui elles appartiendront puiffent rien exiger pour leur payement; Mais ils feront reputez avoir rempli le fervice fuivant l'ordre du Controlle, comme fi lefdites voitures avoient effectivement fervi.

XXXVIII.

S'il arrivoit au contraire que les Troupes euffent befoin d'un plus grand nombre de voitures que celuy marqué cy-deffus, ou mefme de chevaux de Selle, les Officiers s'en pourvoiront ainfi qu'ils le jugeront à propos, en convenant du prix du loüage de gré à gré avec ceux qui voudront leur en fournir.

XXXIX.

Deffend Sa Majefté à tous Soldats, Cavaliers ou Dragons de marcher devant ou derriere leur Troupe, mefme en fuivant le grand chemin, fans un Congé en la forme prefcrite, à peine de châtiment militaire.

XL.

Deffend auffi Sa Majefté fur peine des Galeres aufdits Soldats, Cavaliers ou Dragons, de refter dans le lieu où la Troupe aura couché, une heure aprés que l'arriere-garde en fera fortie.

XLI.

XLI.

Tout le dommage que les Troupes auront fait où elles auront logé & fur leur marche, fera payé par les Officiers defdites Troupes, fur les plaintes qui leur en feront faites & fur les preuves qui en feront fournies; Voulant Sa Majefté que fi les habitans qui auront porté lefdites plaintes, ne conviennent pas avec lefdits Officiers fur la fomme à laquelle ledit dommage pourra monter, les Maires & Echevins du lieu s'entremettent pour les faire contenter de ce qui fera jufte.

XLII.

Si les Officiers refufoient de fatisfaire ceux qui leur auront porté de juftes plaintes, en ce cas les plaignans feront dreffer un Procés verbal pardevant le Juge des lieux, de la perte qu'ils auront faite ou de la violence qu'ils auront foufferte, duquel Procés verbal une expedition fera envoyée au Confeil de la Guerre, & une autre à l'Intendant, lequel envoyera fon avis audit Confeil fur le contenu dudit Procés verbal, pour y eftre ordonné ce qu'il conviendra.

XLIII.

Ceux qui commanderont les Troupes dans les Routes, rendront compte toutes les femaines au Confeil de la Guerre de la maniere dont elles auront vefcu le long du chemin, Et s'il arrive que des Cavaliers, Dragons ou Soldats ayent fait du defordre, ils marqueront la juftice qu'ils en auront faite; Si pareillement les Soldats defertent ou quittent le Regiment pour aller piller, ils auront foin d'en donner avis au Confeil de la Guerre & aux Marefchauffées des lieux où ils pafferont, pour qu'elles courent aprés; Ils marqueront dans les mefmes lettres les noms de quatre ou cinq Capitaines de la tefte prefens ou abfens.

XLIV.

Deffend Sa Majefté aux Cavaliers, Dragons & Soldats fur peine de la vie, de rançonner les gens de la

D

campagne, foit dans leurs maifons, ou allant & venant, de prendre leurs Beftiaux & Chevaux, foit à la Charüe, dans les Villages ou fur les chemins, d'enfoncer les portes, efcalader les murs pour entrer dans les maifons, & de prendre aucune chofe que ce puiffe eftre.

XLV.

TOUS Soldats, Cavaliers ou Dragons qui feront pris à deux lieuës de l'endroit où la Troupe aura couché, ou à deux lieuës du grand chemin qu'elle aura tenu ce jour là, fans Congé expedié en la forme prefcrite, feront punis de mort comme Deferteurs, Et ceux qui paffe-ront dans les Villages à portée de la marche faifant du defordre, feront mis au Confeil de Guerre, & felon le dommage ou violence qu'ils auront fait, ils feront jugez fuivant les differens cas portez par le prefent Reglement.

XLVI.

DEFFEND Sa Majefté aux Cavaliers, Dragons & Soldats d'entrer dans les Vignes & Jardinages le long du grand chemin ou ailleurs, d'y prendre des fruits, legumes ni raifins, fur peine de chaftiment militaire, & d'eftre mis en prifon tous les foirs & marcher attachez à la tefte de la Troupe; Voulant Sa Majefté que lorfque dans le voifinage de la marche, du logement ou campement de fes Troupes, il fe trouvera des Vignes ou Jardinages trop expofez au pillage, les Officiers Commandans y faffent mettre des Corps de Garde & Sentinelles, fi befoin eft, pour les en garentir.

XLVII.

LEUR Deffend pareillement Sa Majefté fur peine de chaftiment militaire, de tirer fur les Pigeons lorfqu'ils en trouveront dans les champs, & d'y prendre des Poules, Et fur peine de Galeres de tirer fur les Pigeons lorf-qu'ils feront fur les colombiers ou fur les maifons.

XLVIII.

FAIT Sa Majefté tres expreffes deffenfes à fes Troupes de marcher dans les Grains, Vignes, Prez ou autres endroits où elles peuvent faire dommage , ni d'y faire paiſtre des chevaux, ſur peine d'indemniſer les proprietaires de la perte qu'elles auront cauſée.

XLIX.

FAIT Sa Majeſté pareilles deffenſes aux Officiers deſdites Troupes, ſoit dans les Routes ou dans leurs Garniſons de chaſſer dans les grains, ſur peine de payer le dommage & d'eſtre mis en priſon ſuivant ce qui reſultera des Procés verbaux qui en feront faits ; Comme auſſi de chaſſer ſur les Terres des Gentilshommes qui ſont conſervées ni dans les Garennes ; Voulant Sa Majeſté, que, ſi faiſant route , ils ſont avertis par les Gardes-chaſſes de ne pas chaſſer ſur la Terre du maiſtre à qui elle appartient, il ſoient obligez de ſe retirer ſur peine de priſon, & d'une amende appliquable à l'Hôpital du lieu ou du plus voiſin.

L.

DEFFEND auſſi tres expreſſement Sa Majeſté à tous Officiers, Gendarmes, Cavaliers, Dragons & Soldats de ſe charger de Sel ni d'aucunes Marchandiſes de contrebande, ſur peine aux Officiers de confiſcation deſdites Marchandiſes & Chevaux, Et aux Cavaliers, Dragons & Soldats outre la confiſcation de ſubir les peines portées par les Ordonnances de Sa Majeſté.

LI.

LORSQU'UNE Troupe paſſera dans les lieux où il y a des Gardes-Sel ou de Doüanne, ou autres Commis des Fermes de Sa Majeſté, l'Officier qui la commandera, ſur la requiſition qui luy ſera faite par leſdits Gardes des Gabelles ou autres de la laiſſer viſiter, aura attention de faire defiler ladite Troupe devant eux auſſi-bien que les Bagages, afin qu'ils puiſſent faire leur viſite avec plus de facilité, Et ledit Officier Commandant ou le Major ſe tiendront auprés deſdits Gardes ou Commis, pour qu'ils faſſent leur charge ſans aucune crainte, Declarant Sa Majeſté que s'il y avoit des plaintes à l'occaſion de ladite viſite, Elle

D ij

en rendra ledit Commandant responsable.

LII.

LORSQUE quelques Cavaliers, Dragons & Soldats, dans la crainte de ne pouvoir passer leur contrebande avec la Troupe, s'écarteront à droit ou à gauche de la marche pour aller chercher d'autres passages, s'ils sont pris à deux lieuës de la Troupe, ils seront traitez comme deserteurs & punis de mort, de mesme que s'ils avoient deserté effectivement, Et s'ils sont pris plus prés de deux lieuës de la Troupe, ils tireront au Billet pour qu'un d'eux aille aux Galeres, & les autres seront châtiez militairement.

LIII.

SA MAJESTÉ deffend à tous Cavaliers, Dragons ou Soldats, de sortir soit du Quartier ou de la Garnison avec d'autres armes que leurs Epées, sous peine de châtiment militaire.

LIV.

LES Intendans remettront à toutes les Mareschaussées de leur Departement l'Estat des Troupes qui y passeront, des lieux où elles logeront, & ils y marqueront aussi les jours qu'elles y devront arriver, avec ordre aux Prevosts & aux Archers d'estre toujours sur la marche des Troupes, & de ne les point quitter tant qu'elles seront dans leur Departement, Et aux Prevosts de leur rendre compte toutes les semaines des journées qu'ils auront faites, & de la conduite que les Troupes auront tenuë dans leur marche.

LV.

LESDITS Prevosts rendront pareillement compte toutes les semaines au Conseil de la Guerre, des journées qu'ils auront employées à la suite desdites Troupes & de la conduite qu'elles auront tenuë; Enjoignant Sa Majesté ausdits Prevosts de convenir avec les Commandans desdites Troupes des moyens d'empescher les desordres, Et ausdits Commandans de leur donner mainforte s'ils en sont requis.

LVI.

LVI.

IL sera payé des fonds de Sa Majesté trente livres pour chaque Cavalier, Dragon ou Soldat arresté à deux lieuës du grand chemin de la Troupe, soit par la Mareschauffée ou autres qu'il appartiendra; Entend neanmoins Sa Majesté que si les Officiers conduisans ladite Troupe manquoient de denoncer au Conseil de la Guerre le Cavalier, Dragon ou Soldat ainsi arrresté, ladite somme de trente livres soit retenüe sur leurs Appointemens, se reservant en outre Sa Majesté de punir de cette negligence le Commandant & le Major.

LVII.

LORSQUE des Soldats, Cavaliers ou Dragons s'écarteront dans le Pays pour piller, ou se faire loger dans les Villages par force ou autrement, les Paysans desdits Villages seront tenus d'en aller avertir la Mareschauffée, à peine de dix escus d'amende payable par le Village qui y aura manqué, Et s'il arrivoit que lesdits Soldats, Cavaliers ou Dragons se missent en deffense contre le Prevost & ses Archers, & qu'ils en blessassent quelqu'un, Veut Sa Majesté qu'ils soient condamnez à estre pendus, en quelque nombre qu'ils soient arrestez.

LVIII.

QUAND les Prevosts des Mareschaux auront arresté quelque Cavalier, Dragon ou Soldat ils le conduiront à sa Troupe, pour que justice en soit faite suivant les cas portez par le present Reglement, Et si la Troupe est éloignée de leur departement, & qu'ils ne puissent pas la joindre, ils le remettront dans les Prisons Royales les plus prochaines, en donneront avis à l'Intendant & luy envoyeront l'information qu'ils auront faite, dont ils adresseront le double au Conseil de la Guerre.

LIX.

ENJOINT Sa Majesté à tous les Prevosts, leurs Lieutenans & Archers d'executer ponctuellement ce qui les regarde dans le present Reglement, sur peine aux con-

E

trevenans d'interdiction, & en cas de recidive de priva-
tion de leurs Charges.

LX.

IL fera tenu un Regiftre au Confeil de la Guerre,
dans lequel il fera deftiné des feüilles feparées pour chaque Regiment, dont la conduite bonne ou mauvaife y
fera detaillée, avec les noms du Colonel, Lieutenant-
Colonel ou Capitaine qui l'auront commandé, & de ceux
des plus anciens Capitaines du Regiment qui auront efté
prefens ou abfens, afin que ledit Confeil dans les occa-
fions où il s'agira de leur avancement, puiffe rendre
compte à Sa Majefté de la maniere dont ils auront fervi.

LXI.

LORSQUE dans les Routes ou dans les Garnifons du
Dedans du Royaume où il n'y aura pas de Commandant, il s'y trouvera differens Corps foit d'Infanterie, Cavalerie ou Dragons, le Caractere fuperieur commandera
le tout, Et s'il eft égal, dans les lieux ouverts celuy de
Cavalerie & de Dragons commandera, & dans les lieux
fermez celuy d'Infanterie, conformement aux anciens
Reglemens, Et les Troupes en Route executeront ce qui
leur fera ordonné par les Infpecteurs des Departemens dans
lefquels elles pafferont, & ce fous l'autorité des Gouverneurs Generaux ou Commandans des Provinces.

LXII.

VEUT & Entend Sa Majefté, que le prefent Reglement foit lû & publié à la tefte des Troupes, de trois en
trois mois, par les foins des Infpecteurs & des Commiffaires des Guerres lors de leurs Reveües, Et que lorfqu'un
Regiment aura ordre de partir d'une Garnifon pour aller dans une autre, le Commandant foit tenu de le faire
lire de nouveau, & d'en faire réiterer la lecture fur la Route, lorfqu'elle aura plus de dix jours de marche, à peine
d'interdiction au Commandant & au Major du Regiment s'ils y manquoient, fans cependant que le deffaut
de cette feconde lecture puiffe empefcher que ledit Re-

glement ne foit executé felon fa forme & teneur.

LXIII.

MANDE & Ordonne Sa Majefté aux Gouverneurs & fes Lieutenans Generaux en fes Provinces & Armées, Gouverneurs de fes Villes & Places, ou Commandans en icelles, Et autres ayant commandement fur les Troupes, aux Intendans de Juftice, Police & Finances dans fes Provinces & Armées, aux Infpecteurs Generaux & Commiffaires des Guerres, Baillifs, Senefchaux, Prevofts, Juges ou leurs Lieutenans, Maires & Echevins des Villes, Et à tous autres fes Officiers qu'il appartiendra, de tenir la main à l'Execution du prefent Reglement, chacun à fon égard, & de le faire publier dés-à-prefent par tout où befoin fera, à ce qu'aucun n'en pretende caufe d'ignorance; Veut pour cet effet Sa Majefté que ledit Reglement foit gardé en entier dans toutes les Maifons de Villes & lieux où les Troupes logent fur leurs Routes, pour y avoir recours lorfqu'il y aura quelque difficulté entre les Habitans & les Troupes; Et pour ce qui regarde les Communautez où les Troupes ne logent point, il fera tiré des Extraits de tous les Articles qui pourront les concerner, que les Intendans feront imprimer & leur envoyeront pour eftre lûs à l'iffuë des Meffes Parroiffiales. FAIT à Paris le huitiéme jour d'Avril mil fept cens dix-huit. *Signé* LOUIS. *Et plus bas,* PHELYPEAUX.

F

P

DE